JN440861

아주아주 큰 백과 그림책

동물

아주아주 큰 백과 그림책

동물

그림 발 발레르추크 | 글 톰 잭슨 | 번역 김아림

예림당

번역 김아림

서울대학교 생물교육과를 졸업했고, 같은 학교 대학원 과학사 및 과학철학 협동과정에서 석사 학위를 받았어요. 대학원에서는 생물학의 역사와 철학, 진화 생물학을 공부했습니다. 과학을 좀 더 넓은 관점에서 통합적으로 바라보는 일에 관심이 있어 출판사에서 과학 책을 만들다가 지금은 출판기획자 및 전문번역가로 활동 중입니다. 옮긴 책으로는 《고래: 고래와 돌고래에 관한 모든 것》, 《가장 완벽한 지구책》, 《공룡 기네스북》 등이 있습니다

2025년 11월 1일 2판 1쇄 발행

그림 발 발레르추크 **글** 톰 잭슨 **번역** 김아림
펴낸이 나성훈 **펴낸곳** (주)예림당 **등록** 제2013-000041호
편집 전숙현 박지현 **디자인** 최보미
제작 신상덕 **저작권 영업** 문하영
주소 서울시 성동구 아차산로 153 **홈페이지** www.yearim.kr
구매 문의 전화 561-9007 **팩스** 562-9007 **내용 문의 전화** 566-1004

ISBN 978-89-302-6354-2 74490
ISBN 978-89-302-6351-1 (세트)

이 책을 읽기 전에

얼음 덮인 북극의 툰드라에서 무더운 아프리카 초원의 사바나까지, 동물들은 이 지구상의 구석구석에 살고 있어요. 나뭇가지 사이로 휙휙 움직이기도 하고, 땅속을 파고들기도 하고, 가파른 산꼭대기를 오르기도 하지요. 지구상에서 가장 덩치 크고 가장 놀라운 생명체들 가운데는 포유동물이 있어요.

포유동물은 따뜻한 피가 흐르고, 몸에 털이 나 있어요. 그리고 알이 아닌 새끼를 낳으며, 새끼에게 젖을 먹여 키우지요. 맞아요! 사람도 바로 포유동물이랍니다! 사실 전 세계에는 5,000종류도 넘는 다양한 포유동물이 있어요. 그 가운데는 귀엽고 꼭 껴안고 싶은 동물이 있는가 하면, 똑똑하고 꾀가 많은 동물도 있고, 사납고 무서운 동물도 있지요.

이 책에는 전 세계를 통틀어 가장 놀라운 포유동물들을 골라 큼지막하고 멋진 그림들을 함께 실었어요. 그리고 각각의 동물들에 대한 놀라운 사실들과 독특한 행동적인 특징들을 설명해 놓았지요. 동물들의 그림과 함께 흥미로운 사실들을 읽다 보면, 동물들이 눈앞에 있는 것처럼 생생하게 느껴질 거예요. 이 동물들을 야생에서 만난다면 어떤 모습일지 힐끔 엿보고 있는 느낌도 들 거예요.

장난기 많은 침팬지에서 잠꾸러기 코알라, 느릿느릿 움직이는 하마까지, 이 책 속에서 여러 멋진 동물들을 모두 만나 보아요!

동물 더 알기

분포지: 북아메리카
사는 곳: 산간 지대의 숲
몸길이: 1.7~2.8m
몸무게: 130~360kg
수명: 25~30년
먹이: 물고기, 사슴, 식물의 열매

차례

아프리카코끼리

African elephant

- 아프리카코끼리의 엄니는 바로 2개의 앞니가 길게 자란 거예요. 입 밖으로 뿔처럼 길게 뻗어서 남자 어른의 키만큼 자라요.

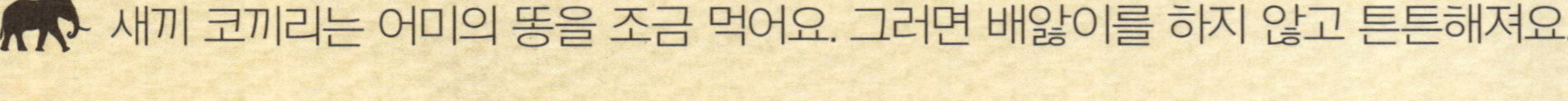

- 새끼 코끼리는 어미의 똥을 조금 먹어요. 그러면 배앓이를 하지 않고 튼튼해져요.

- 코끼리는 '웅웅~' 무척 낮은 소리를 내며 서로 의사소통해요. 이 소리는 땅을 통해 먼 거리까지 진동처럼 전해져요.

- 앞다리와 뒷다리에 무릎이 달려 있어요. 지구상에서 유일하게 무릎이 4개인 동물이에요.

- 코는 10만 개의 근육으로 이루어져 있어요.

동물 더 알기

분포지: 아프리카
사는 곳: 숲과 초원
몸길이: 3~4m
몸무게: 1,700~6,100kg
수명: 60~70년
먹이: 식물의 뿌리, 잎, 풀, 과일, 나무껍질

- 아프리카코끼리의 이빨은 무척 커서 입속에 4개의 어금니만 있어요. 어금니가 점차 닳아서 빠지면 새 어금니가 자라요.
- 기다란 코는 나무도 넘어뜨릴 수 있을 만큼 힘이 좋아요. 동시에 작은 나뭇가지 하나를 들어 올릴 수 있을 정도로 섬세하답니다.
- 피부의 수많은 주름 사이로 물기를 머금고 있어서 햇볕이 뜨거울 때 몸을 시원하게 해 주어요.

자이언트판다

Giant panda

- 자이언트판다는 앞발에 여섯 번째 손가락이라고 불리는 손목뼈가 있어요. 이 뼈는 툭 튀어나와 있어 죽순을 잡을 수 있어요.
- 이빨로 대나무 껍질을 벗긴 다음에 부드러운 안쪽 속살을 먹어요.
- 하루 종일 먹어요. 자는 시간은 길어 봤자 4시간 정도이고 금방 다시 깨서 먹는답니다.
- 자이언트판다는 혼자 지내는 걸 좋아해요. 그래서 두 마리가 만나면 어느 한 마리가 도망칠 때까지 서로 으르렁거려요.
- 판다는 하루에 40번이나 화장실에 간답니다.
- 수컷 판다는 물구나무서기를 해서 엉덩이에서 나오는 분비물을 나무줄기에 묻혀 자신의 영역을 표시해요.
- 갓 태어난 판다 새끼는 다 자란 어른 암컷보다 900배나 작아요. 캥거루나 코알라처럼 주머니에 새끼를 넣어 키우는 동물을 빼고는 포유동물 가운데 가장 작은 새끼예요.

동물 더 알기

분포지: 중국
사는 곳: 대나무 숲
몸길이: 1.2~1.8m
몸무게: 100~150kg
수명: 15~20년
먹이: 대나무

순록

Reindeer

산타클로스의 썰매를 끄는 루돌프 사슴이 바로 순록이에요.

순록은 암컷과 수컷 모두 뿔이 있어요.

북아메리카에 사는 순록은 '카리부'라고 불려요.

편평한 발굽과 발굽 사이의 털은 눈 위나 얼음 위에서 미끄러지지 않게 돕고 발을 따뜻하게 보호해 줘요.

포유동물 가운데 눈으로 볼 수 없는 자외선을 유일하게 볼 수 있어요.

겨울이 되면 순록의 먹이는 나무껍질과 나뭇가지뿐이에요. 눈 속을 파헤쳐 제일 좋아하는 이끼류를 뜯어 먹기도 해요.

여름에 순록은 털이 짧은 갈색 털옷을 입어요. 겨울에는 회색빛이 돌고 훨씬 텁수룩한 털옷을 입어요.

수컷 순록은 여름에 뿔이 나지만, 암컷 순록은 겨울에 뿔이 나요.

동물 더 알기

분포지: 북극 지방
사는 곳: 툰드라와 숲
몸길이: 1.5~2.3m
몸무게: 60~318kg
수명: 10~15년
먹이: 식물의 잎, 풀, 나뭇가지, 버섯, 이끼

회색늑대

Grey wolf

- 동화 속 이야기와는 달리, 늑대가 사람을 공격하는 경우는 무척 드물어요.
- 보통 무리를 지어 다녀요. 무리를 지어 덩치 큰 동물들을 사냥해요.
- 회색늑대는 원래 북아메리카 전역에 살았지만, 오늘날은 특정 주에서만 발견돼요.
- 늑대의 새끼는 눈동자가 푸른색인데 나이가 들면서 노란색으로 변해요.
- 늑대가 '아우~' 하고 울부짖는 소리는 16km 밖에서도 들린다고 해요.

동물 더 알기

분포지: 북아메리카, 아시아, 동유럽, 북유럽
사는 곳: 툰드라와 숲
몸길이: 1.5m
몸무게: 36~80kg
수명: 8~13년
먹이: 토끼, 사슴, 쥐

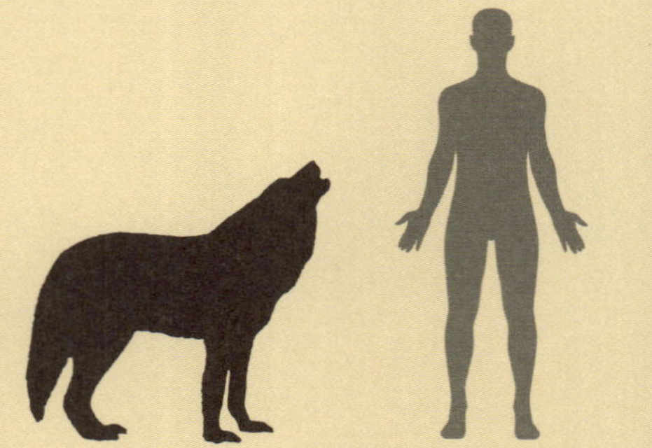

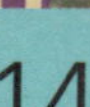

- 오늘날의 개들은 모두 2만 년 전부터 사람 곁에서 살며 길들여진 늑대의 후손이에요.
- 늑대 한 마리는 한 끼에 9kg의 먹잇감을 먹어 치울 수 있어요. 사람으로 치면 한번에 햄버거 100개를 먹는 셈이에요.

맨드릴개코원숭이

Mandrill

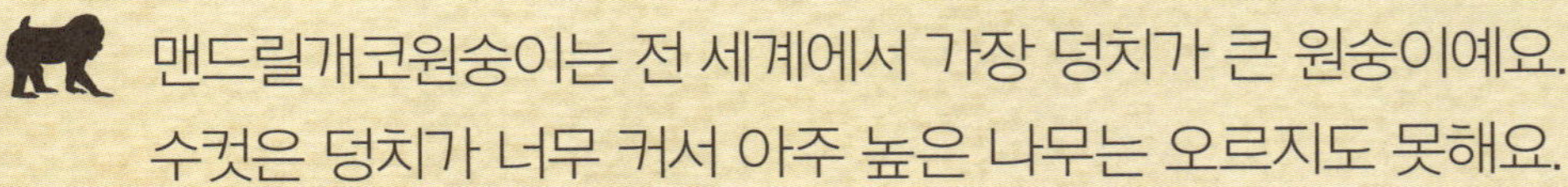

- 맨드릴개코원숭이는 전 세계에서 가장 덩치가 큰 원숭이예요. 수컷은 덩치가 너무 커서 아주 높은 나무는 오르지도 못해요.
- 수컷 맨드릴개코원숭이는 종종 입술로 으르렁대는 표정을 지어요. 그러면 날카로운 송곳니가 드러나요.
- 수컷은 화가 나면 얼굴이 밝게 변하면서 땅을 쿵쿵 굴러요.
- 보통 20~25마리가 무리 지어 살아요. 하지만 지금까지 확인된 가장 큰 무리는 무려 1,200마리예요.

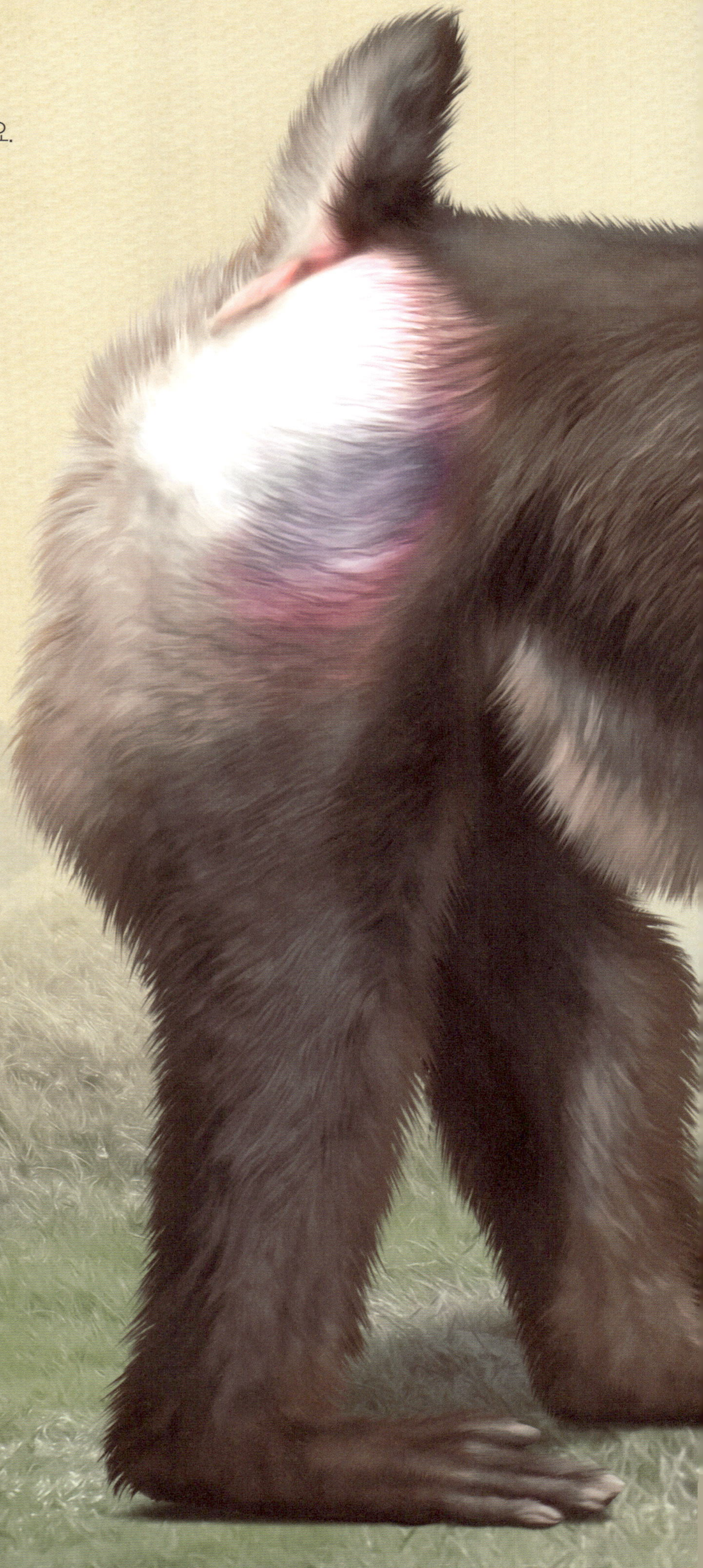

동물 더 알기

분포지: 중앙아프리카
사는 곳: 저지대 숲
몸길이: 75~90cm
몸무게: 10~35kg
수명: 20~30년
먹이: 과일, 견과류, 식물 뿌리, 작은 동물들

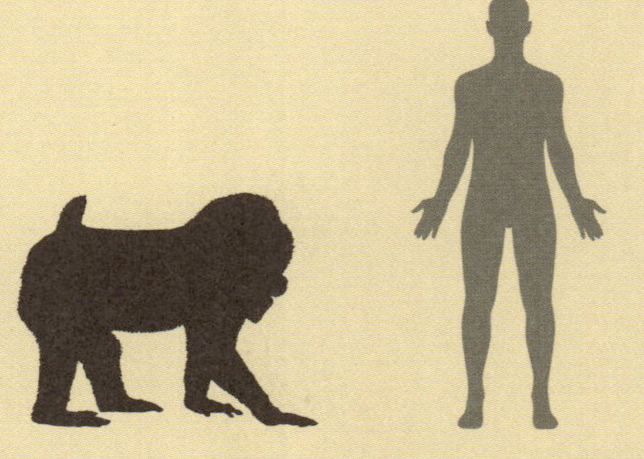

이 원숭이는 볼주머니에 빵빵하게 먹이를 저장해 두었다가 나중에 먹어요.

수컷은 얼굴에 빨간색과 파란색이 돌고 수염은 노란색이에요. 그리고 엉덩이는 보라색이에요. 매우 짙고 화려한 얼굴색을 가진 수컷이 지위가 높답니다.

날여우박쥐

Flying fox

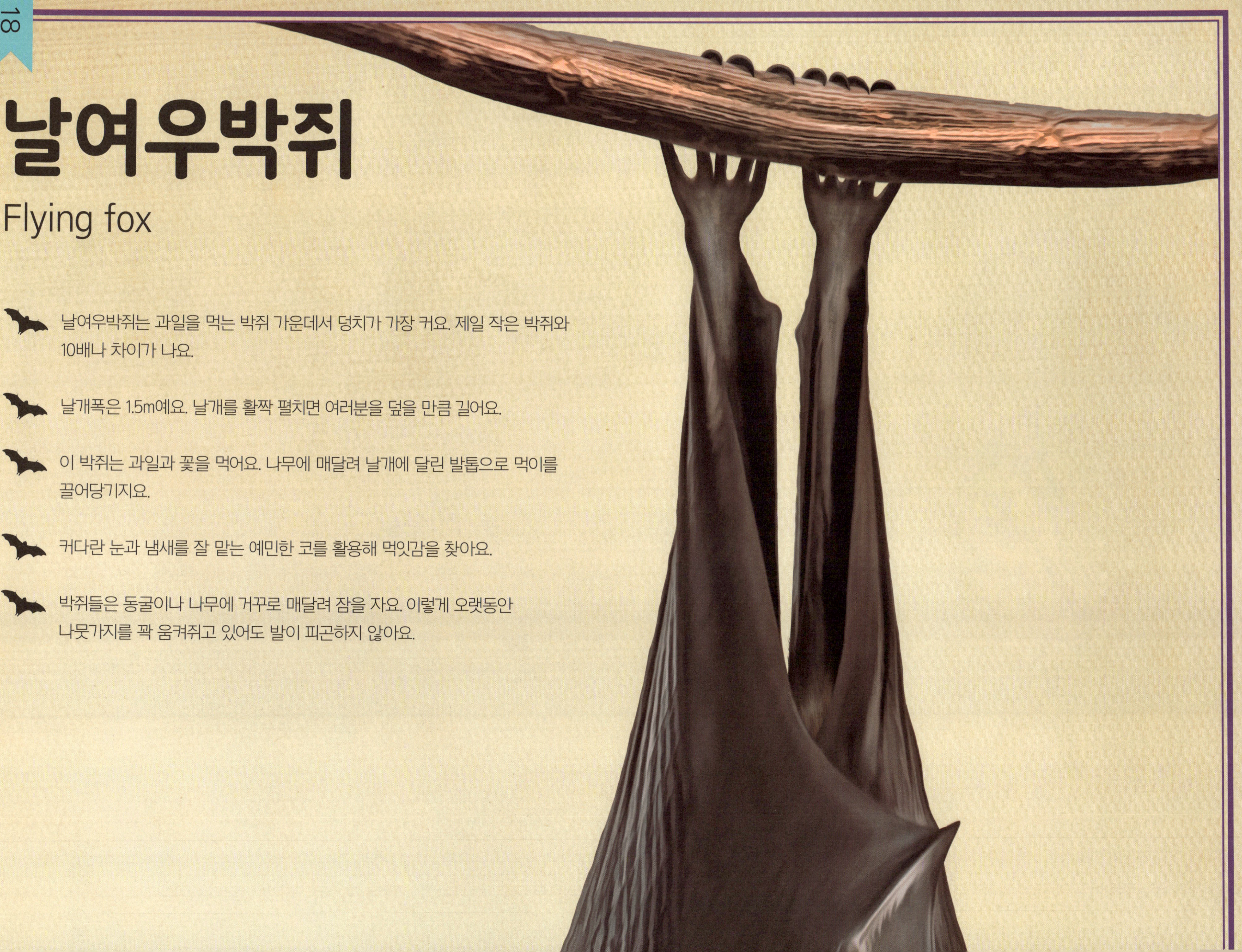

- 날여우박쥐는 과일을 먹는 박쥐 가운데서 덩치가 가장 커요. 제일 작은 박쥐와 10배나 차이가 나요.
- 날개폭은 1.5m예요. 날개를 활짝 펼치면 여러분을 덮을 만큼 길어요.
- 이 박쥐는 과일과 꽃을 먹어요. 나무에 매달려 날개에 달린 발톱으로 먹이를 끌어당기지요.
- 커다란 눈과 냄새를 잘 맡는 예민한 코를 활용해 먹잇감을 찾아요.
- 박쥐들은 동굴이나 나무에 거꾸로 매달려 잠을 자요. 이렇게 오랫동안 나뭇가지를 꽉 움켜쥐고 있어도 발이 피곤하지 않아요.

- 날여우박쥐는 몸을 물속에 담근 다음 보금자리로 다시 날아와 몸에 묻은 물을 핥아 먹어요.

- 날개는 무척 긴 손가락뼈와 그 사이를 감싼 피부로 이루어져 있어요.

동물 더 알기

분포지: 동남아시아

사는 곳: 열대 다우림

몸길이: 18~23cm

몸무게: 0.65~1.2kg

수명: 15년

먹이: 꽃과 과일

눈표범

Snow leopard

- 눈표범은 사자나 호랑이 같은 덩치 큰 고양잇과 가운데 유일하게 으르렁거리는 소리를 내지 못해요.
- 주로 산에 사는데, 몸놀림이 가벼워 한번에 최대 15m까지 멀리 뛸 수 있어요.
- 눈표범은 털이 보송보송한 꼬리로 발이 얼지 않도록 따뜻하게 감싸요.
- 눈표범은 연기 같은 회색빛 속에 몸을 잘 숨겨요. 그래서 '유령 표범'이라는 별명을 가졌어요.
- 눈표범은 에베레스트 산맥의 3분의 2 정도 높이까지 오를 수 있어요. 사냥을 하는 포유동물 가운데 가장 높은 곳에 사는 동물이에요.
- 겨울에는 반점이 옅어져요. 그래서 눈이 덮인 바위에 쉽게 몸을 숨길 수 있어요.
- 암컷 눈표범은 동굴 안을 자신의 털로 덮어서 새끼가 포근하게 지낼 수 있도록 마련해요.

동물 더 알기

분포지: 중앙아시아
사는 곳: 산악 지대
몸길이: 0.9~1.2m
몸무게: 35~55kg
수명: 9~10년
먹이: 양, 염소, 사슴, 다람쥐 같은 작은 포유동물

몽고야생말

Przewalski's horse

- 몽고야생말은 오늘날까지 살아 있는 말들 가운데 가장 오래된 말이에요.
- 지금은 더러 동물원에서 볼 수 있지만, 그들의 조상은 길들여지지 않는 야생마였어요.
- 중앙아시아의 드넓은 초원 지대인 몽골에서 처음 발견되었어요.
- 수 킬로미터 떨어진 물의 냄새도 맡을 수 있을 만큼 코가 매우 발달되어 있어요. 냄새를 맡는 즉시 얼른 달려가 물을 마셔요.
- 말의 두 눈은 얼굴 양옆에 있어 자신을 둘러싼 환경을 모든 방향에서 살필 수 있어요. 하지만 정작 바로 앞은 잘 볼 수 없답니다.

동물 더 알기

분포지: 오늘날에는 전 세계에 살지만 원래는 중국, 몽골, 러시아 일부, 유럽에서 살았음
사는 곳: 초원, 반사막
몸길이: 1.2~1.4m
몸무게: 200~340kg
수명: 20년
먹이: 풀과 나뭇잎

- 조랑말의 경우, 몽고야생말의 새끼 말이 아니라 몸집이 작은 말이에요. 새끼 말은 망아지라고 부른답니다.

- 몽고야생말의 무리는 종마라 불리는 덩치 큰 수컷이 이끌어요. 무리의 나머지는 모두 암컷들이에요.

붉은캥거루

Red kangaroo

- 붉은캥거루는 '유대류' 가운데 가장 덩치가 커요. 주머니 속에서 새끼를 기르는 캥거루나 코알라 같은 동물을 유대류라고 해요.
- 암컷 캥거루는 배에 아기 주머니가 있어요. 주머니 속에는 젖꼭지가 4개 있어요.
- 갓 태어난 캥거루 새끼는 몸무게가 0.75g으로 호두알만 해요. 새끼 캥거루는 앞발만으로 어미의 털 난 주머니 속으로 기어들어요.
- 붉은캥거루는 한번에 10m까지 풀쩍 뛰어나갈 수 있어요.
- 느릿느릿 이동할 때 두툼한 꼬리를 마치 다섯 번째 다리처럼 활용해요.
- 캥거루는 서로 싸울 때 권투 선수 같아요. 뒷다리를 이용해 앞쪽으로 뛰어오르면서 앞발로 상대방에게 주먹을 날려요.
- 새끼 캥거루는 6개월 정도 어미의 주머니에서 젖을 먹고 자라다가 충분히 튼튼해지면 바깥세상을 탐험하기 시작해요.

동물 더 알기

분포지: 오스트레일리아
사는 곳: 초원
몸길이: 0.8~1.6m
몸무게: 20~80kg
수명: 6~8년
먹이: 풀, 키가 작은 나무

사자

Lion

- 사자는 고양잇과 동물 가운데 가족끼리 무리 지어 사는 유일한 동물이에요.

- 수컷 사자만이 갈기를 가지고 있어요. 갈기를 보면 얼마나 건강한지 알 수 있지요. 갈기 색이 진할수록 건강한 사자랍니다.

- 사자의 배는 무척 잘 늘어나요. 그래서 한 끼에 40kg까지도 먹어 치울 수 있어요.

- 사자는 고양잇과 동물 가운데 꼬리 끝에 술 장식이 달린 유일한 동물이에요. 키가 큰 풀숲 사이에 있을 때는 꼬리를 추켜올려 자신의 위치를 알려요.

동물 더 알기

분포지: 아프리카(그리고 인도의 숲)
사는 곳: 초원
몸길이: 1.5~2m
몸무게: 120~250kg
수명: 10~14년
먹이: 영양, 얼룩말

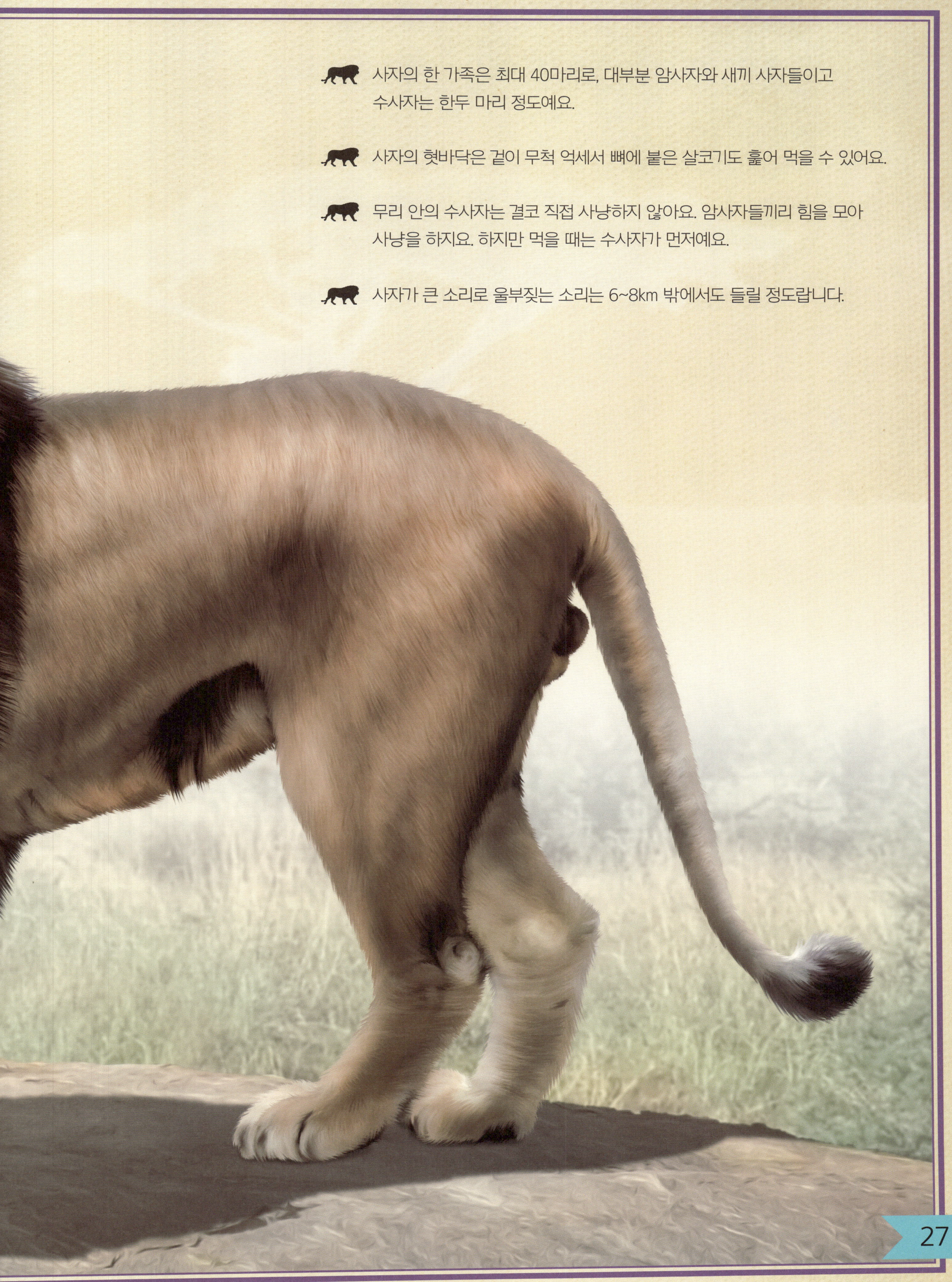

- 사자의 한 가족은 최대 40마리로, 대부분 암사자와 새끼 사자들이고 수사자는 한두 마리 정도예요.
- 사자의 혓바닥은 겉이 무척 억세서 뼈에 붙은 살코기도 훑어 먹을 수 있어요.
- 무리 안의 수사자는 결코 직접 사냥하지 않아요. 암사자들끼리 힘을 모아 사냥을 하지요. 하지만 먹을 때는 수사자가 먼저예요.
- 사자가 큰 소리로 울부짖는 소리는 6~8km 밖에서도 들릴 정도랍니다.

북극곰

Polar bear

- 북극곰의 털은 하얀색이 아니에요. 속이 들여다보일 정도로 투명해요. 빛의 반사 때문에 우리 눈에 흰색으로 보이는 거예요.

- 북극곰은 여름철을 바다에서 보내요. 먹이를 찾기 위해 100km도 넘게 얼어붙은 얼음 위를 걷거나 바닷속을 헤엄쳐요.

- 북극곰이 겨울 내내 잠을 자는 건 아니에요. 새끼를 밴 암컷만이 눈 속에 굴을 파고 새끼를 낳기 전까지 쿨쿨 잠을 잔대요. 몸에 미리 쌓아 둔 지방으로 먹지 않아도 살 수 있어요.

- 북극곰은 피부 아래 10cm까지가 지방층이에요. 이 지방층은 사냥을 하지 않는 동안 몸을 따뜻하게 해 주고, 영양분을 저장하는 역할을 해요.

동물 더 알기

분포지: 북극해
사는 곳: 얼음과 툰드라 지대
몸길이: 2~2.5m
몸무게: 150~500kg
수명: 15~18년
먹이: 바다표범, 물고기, 사슴, 식물의 열매

- 주로 바다표범을 잡아먹어요. 바다 위를 덮은 얼음을 따라 먹잇감의 냄새를 맡을 수 있어요.
- 북극곰의 새끼는 겨울철 눈 덮인 동굴 안에서 태어나요. 그 시기는 보통 1월 말이에요.
- 북극곰의 털은 짧은 털과 긴 털이 층을 이루고 나 있어 털 속에 빈 공간이 있어요. 이 빈 공간에 공기가 가득 차 있어 온몸을 따뜻하게 감싸 줘요. 덕분에 추운 곳에서도 체온을 유지할 수 있답니다.

단봉낙타

Dromedary

- 단봉낙타는 등에 혹이 1개예요. 반면 아시아에 사는 쌍봉낙타는 혹이 2개예요.
- 물만 충분하다면 이 낙타는 먹이를 전혀 먹지 않고 몇 개월을 버틸 수 있어요.
- 단봉낙타의 혹은 물을 저장하는 곳이 아니라 지방을 저장하는 곳이에요. 이 지방은 먹을 게 전혀 없는 황량한 사막을 지날 때 낙타가 살 수 있게 해 줘요. 오랫동안 먹이를 먹지 못할 때 혹에 든 지방을 쓰는 거예요.
- 단봉낙타는 사람들 손에 가축으로 길들여졌어요. 사막의 주요한 교통수단이고, 고기와 가죽 그리고 털도 준답니다.
- 모래 폭풍이 불 때면 콧구멍을 닫아요. 콧구멍은 열었다 닫았다 할 수 있어 모래가 흩날리는 사막에서도 잘 견딜 수 있어요.

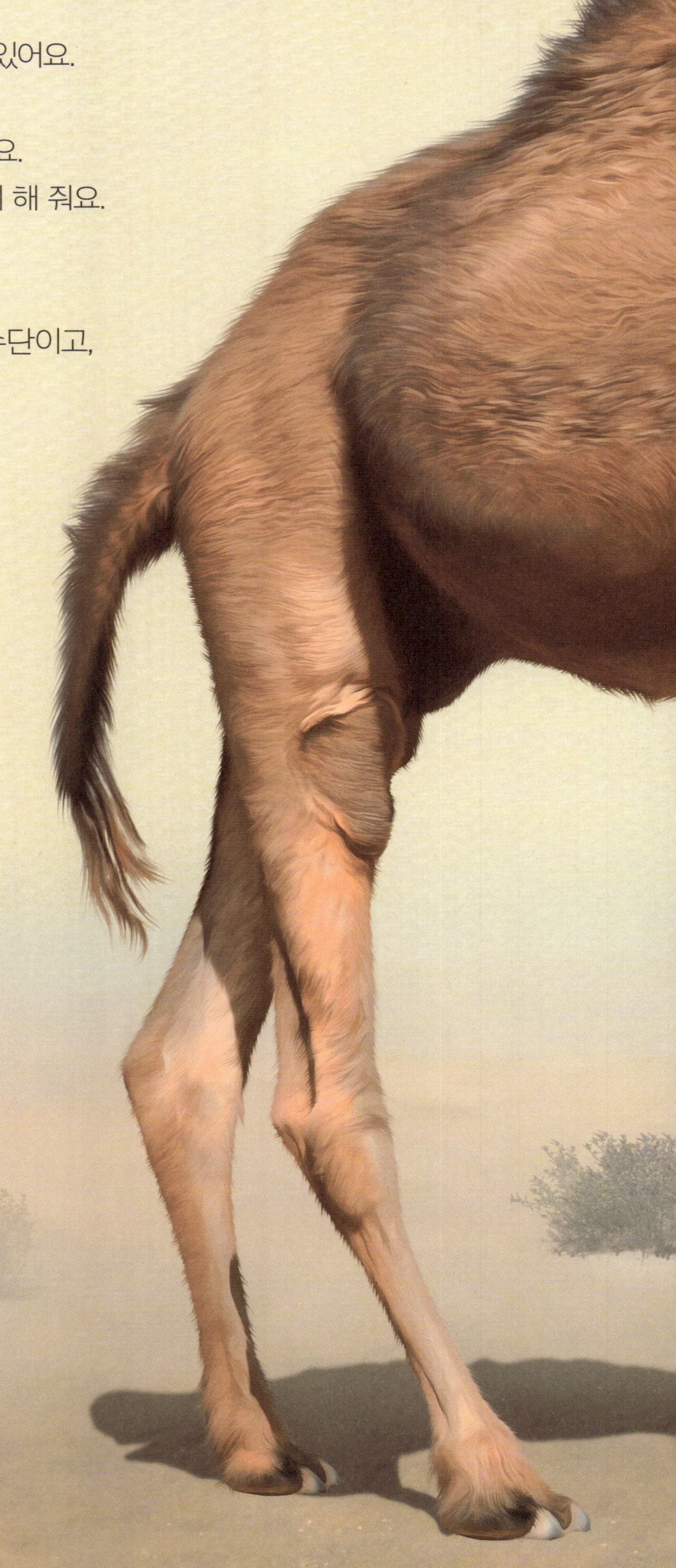

동물 더 알기

분포지: 아프리카, 서아시아
사는 곳: 사막
몸길이: 3m
몸무게: 300~690kg
수명: 40~50년
먹이: 가시가 많은 식물, 마른 풀

누군가 자기를 공격하거나 위협하면 '퉤~' 하고 침을 뱉는답니다!
침에는 위액이 섞여 있어 냄새가 아주 고약해요.

새끼 낙타는 혹이 없고 그 자리에 털이 나 있어요.
혹은 낙타가 자라면서 점점 커져요.

오랑우탄

Orang-utan

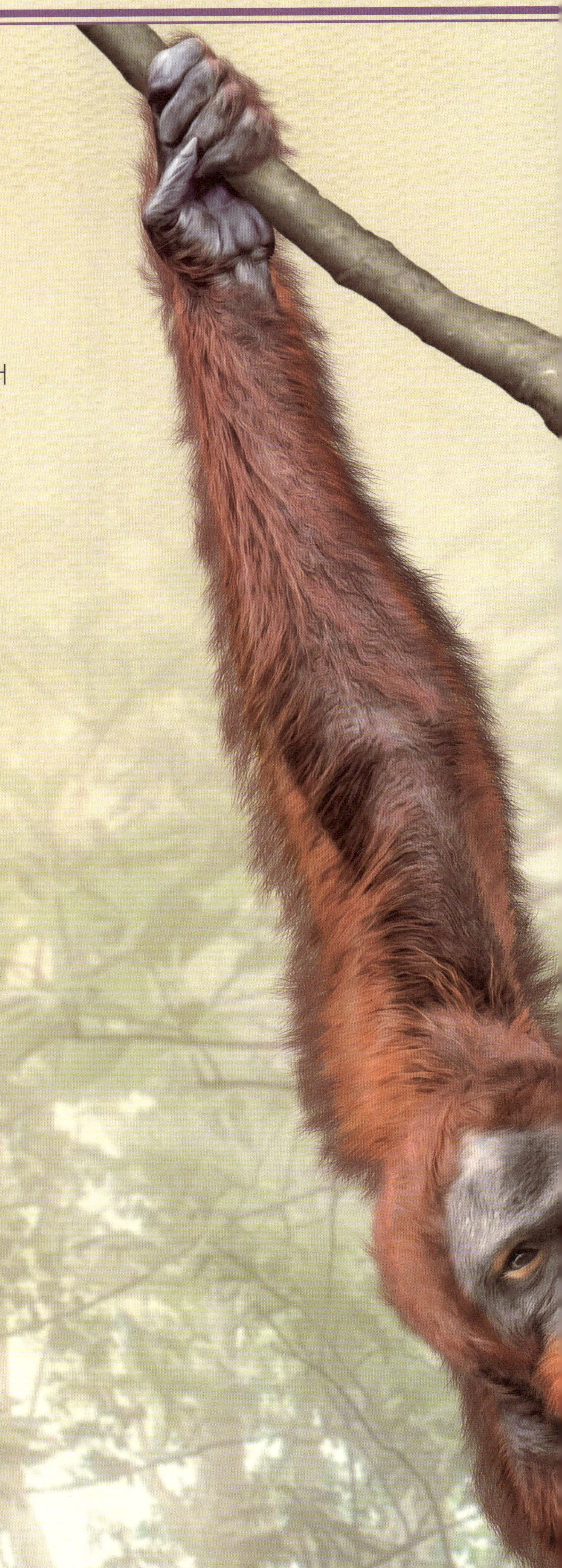

- 새끼 오랑우탄은 어미와 함께 8년을 살다가 독립해요. 동물의 세계에서 어미의 보살핌을 받는 기간이 가장 길답니다.
- 비가 내리면 오랑우탄은 큼직한 나뭇잎을 우산으로 사용해요.
- 오랑우탄이란 말레이어로 '숲속에 사는 늙은이'라는 뜻이에요.
- 팔이 다리에 비해 훨씬 길어요. 그래서 팔을 휘저으며 나무를 탈 수 있어요.
- 수컷 오랑우탄은 양 볼에 둥글고 넓적한 판 같은 피부를 갖고 있어요. 하지만 암컷은 그렇지 않아요.

동물 더 알기

분포지: 수마트라섬과 보르네오섬
사는 곳: 열대 다우림
몸길이: 1.2~1.5m
몸무게: 30~90kg
수명: 35~45년
먹이: 과일, 나뭇잎, 야생 새알

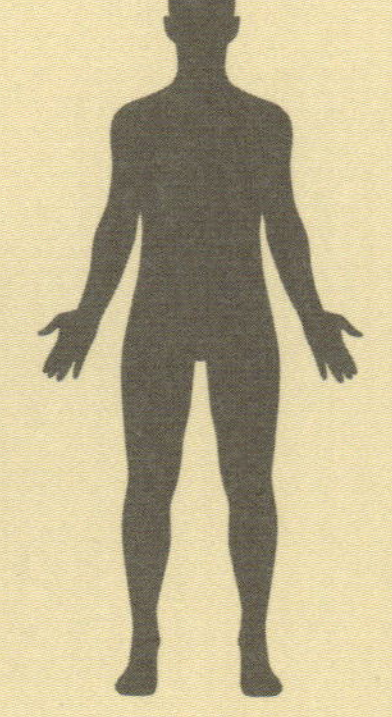

오랑우탄은 과일뿐 아니라 나뭇잎, 곤충, 꽃, 나무껍질까지도 먹어요. 아침과 저녁에 실컷 먹고 한낮에는 꾸벅꾸벅 졸아요.

매일 밤 나뭇가지를 꺾어서 나무 높은 곳에 새로 둥지를 만들어요. 조심성이 많아 단 하루만 사용하고 옮겨 다니는 거예요.

오카피

Okapi

- 오카피의 혀는 무척 길어요. 혀로 눈과 귀를 핥아 청소할 수 있을 정도로요.
- 오카피의 새끼는 어미 엉덩이의 줄무늬만 따라가면 울창한 숲속에서도 길을 잃지 않아요.
- 오카피는 귀를 살짝 꼬아서 서로 다른 방향에서 나는 두 가지 소리를 한번에 들을 수 있어요.
- 수컷 오카피만이 뿔을 가지고 있어요. 뿔은 몸 뒤쪽 방향으로 나 있어서 나뭇가지에 잘 얽히지 않아요.
- 발굽에서는 독특한 냄새가 나는 끈끈한 액체가 나와요. 지나간 자리에 냄새를 남겨요.

동물 더 알기

분포지: 중앙아프리카
사는 곳: 열대 다우림
몸길이: 1.9~2.5m
몸무게: 200~350kg
수명: 20~30년
먹이: 나뭇잎, 작은 가지, 열매

오카피는 무척 낮은 소리로 서로 의사소통해요. 인간을 포함한 오카피를 잡아먹는 다른 동물들은 잘 들을 수 없는 소리예요.

털 색깔이 적갈색이라서 그늘진 숲의 나무줄기나 나뭇가지 사이로 들어가면 거의 눈에 띄지 않아요.

회색곰

Grizzly bear

- 회색곰은 북미, 알래스카, 캐나다에 주로 서식하는 불곰이에요.
- 이 곰은 원래 갈색 털을 가지고 있지만 나이가 들수록 털이 희끗희끗해져요. 그래서 회색곰이라는 이름이 붙여졌어요.
- 갓 태어난 새끼는 어미의 젖을 먹으면서 웅웅 소리를 내요. 젖을 더 달라는 뜻이랍니다.
- 어깨 사이에 혹이 하나 있어요. 앞다리를 움직이는 무척 커다란 근육이 뭉쳐진 거예요.

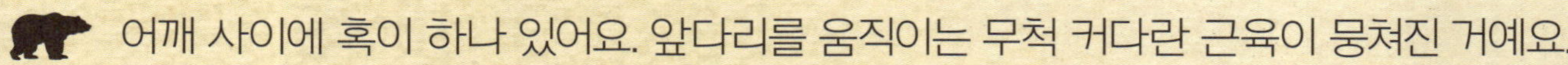

동물 더 알기

분포지: 북아메리카
사는 곳: 산악 지대의 숲
몸길이: 1.7~2.8m
몸무게: 130~360kg
수명: 25~30년
먹이: 물고기, 사슴, 식물의 열매

- 이 곰은 먹다 남은 먹이를 이끼나 풀로 덮어 두어요. 그러면 이끼 속의 화학 성분이 남은 먹이가 썩지 않도록 해 줘요.

- 겨울 내내 죽 잠을 자는데 그동안 몸무게의 3분의 1이 빠져요.

- 겨울잠을 자는 기간 동안 화장실을 가지 않는답니다. 무려 여섯 달 동안이나 말이에요.

침팬지

Chimpanzee

- 침팬지는 인간과 가장 많이 닮은 동물이에요.
- 몸이 아플 때 약초를 먹어 스스로 병을 고치기도 해요.
- 침팬지는 얼굴 표정으로 서로 의사소통을 해요. 하지만 씨익 크게 미소를 짓는다고 해서 행복한 건 아니에요. 겁을 먹거나 무서울 때 그런 표정을 지어요.
- 나무 막대기 끄트머리를 물어뜯어 부드럽게 만든 다음, 손이 닿기 힘든 곳에 있는 나무 수액을 빨아 먹어요. 도구를 만들어 사용할 줄 아는 똑똑한 동물이에요.
- 침팬지끼리 서로 입맞춤을 하거나 털에 붙은 벌레를 잡아 주면서 친구가 되어요.

동물 더 알기

분포지: 중앙아프리카
사는 곳: 열대 우림
몸길이: 1.2~1.5m
몸무게: 32~60kg
수명: 45년
먹이: 식물, 곤충, 고기

- 침팬지들은 깊은 물을 싫어하고 헤엄도 잘 치지 못해요.
- 무리를 지어 원숭이나 작은 사슴 같은 동물을 사냥해요.

북극여우

Arctic fox

- 북극여우는 털갈이로 털옷의 색을 바꿀 수 있어요. 겨울에는 흰색이지만 여름에는 회색을 띤 갈색으로 바뀌어요.
- 북극여우가 사는 동굴은 수백 년 전에 만들어졌어요. 북극은 땅이 꽁꽁 얼어 있기 때문에 새로 굴을 파기 힘들어 예전에 만들었던 굴을 그대로 쓰는 거예요.
- 가장 좋아하는 먹이는 나그네쥐로, 눈밭을 총총 지나다니는 소리를 들을 수 있어요. 소리가 나면 곧장 다가가 확 덮쳐요.

동물 더 알기

분포지: 북극
사는 곳: 툰드라
몸길이: 70~127cm(꼬리 길이 포함)
몸무게: 3~9kg
수명: 3~6년
먹이: 토끼, 들쥐, 물고기, 산딸기, 버섯

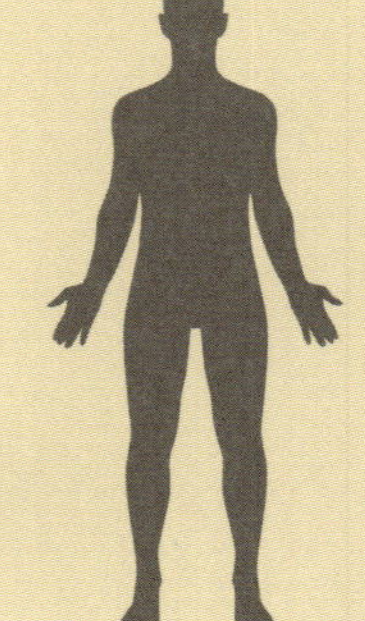

- 북극여우는 영하 50도나 되는 낮은 기온에서도 견딜 수 있어요. 하지만 이보다 기온이 떨어지면 굴에 머물며 조금 더 따뜻해지기를 기다린답니다.

- 다른 여우들과 달리 짧고 둥근 귀를 가졌어요. 덕분에 몸의 열을 쉽게 빼앗기지 않아 동상에 걸리지 않아요.

- 북극여우는 육지 포유동물 중 유일한 아이슬란드 토종이에요.

- 스스로 먹잇감을 찾기 힘들 때에는 북극곰을 따라가 북극곰이 먹다 남긴 먹이를 먹기도 해요.

테이퍼

Tapir

- 테이퍼는 돼지나 코끼리를 닮은 것 같지만 말과 코뿔소의 친척이에요.
- 몸통은 앞쪽이 좁고 뒤로 갈수록 폭이 넓어져요. 그래서 빽빽한 덤불도 잘 헤치고 지나다닐 수 있어요.
- 테이퍼의 코는 코끼리 코처럼 유연해요. 나뭇가지를 휘감아 잎을 훑어 먹기에 좋답니다.
- 테이퍼는 숲속 빽빽한 덤불 속에서 휘파람 소리를 내 서로 신호를 보내요.

동물 더 알기

분포지: 동남아시아, 남아메리카, 중앙아메리카
사는 곳: 늪지대
몸길이: 1.7~2.5m
몸무게: 250~375kg
수명: 30년
먹이: 식물의 잎, 열매, 산딸기

- 위협을 받으면 물속에 몸을 숨겨요. 물에 아예 잠긴 채로 코만 물 밖으로 내밀고 숨을 쉬며 버텨요.

- 동남아시아에 사는 말레이언 테이퍼는 몸의 앞쪽과 다리는 검은색, 나머지 부분은 흰색이어서 달빛이 어른대는 그늘 사이에 몸을 숨길 수 있어요.

- 테이퍼는 주로 어둠이 깔린 새벽이나 해 질 녘에 활동하고, 낮에는 잠을 잔답니다.

호랑이

Tiger

- 호랑이는 나무둥치나 바위를 발톱으로 긁어 자기 영역을 표시해요.
- 고양잇과의 다른 동물들과는 달리 물을 좋아해요. 그래서 긴 강도 헤엄쳐서 쉽게 건널 수 있어요. 또 얕은 물에 숨어 먹잇감을 기다리기도 해요.
- 호랑이는 매주 한두 마리의 동물을 잡아먹어요. 먹고 남은 고기는 나중에 먹으려고 땅에 묻어 두거나 풀로 덮어 놓아요.
- 자기 몸무게보다 네 배 더 나가는 동물도 사냥할 수 있어요.

동물 더 알기

분포지: 동아시아, 남아시아
사는 곳: 숲과 늪지대
몸길이: 2~3.2m
몸무게: 65~306kg
수명: 10~12년
먹이: 사슴, 소, 돼지

- 가장 덩치 큰 호랑이는 시베리아에 살아요. 어두운색 줄무늬가 띄엄띄엄 있어서 눈밭에서도 눈에 잘 띄지 않아요.

- 먹잇감의 목덜미를 물어뜯어 숨을 쉴 수 없도록 만든 다음 잡아먹어요.

- 호랑이는 하와이섬 크기만 한 굉장히 넓은 영역을 돌아다니며 살아요.

혹멧돼지

Warthog

- 혹멧돼지는 항상 뒷걸음질을 쳐서 자기 굴에 들어가요. 엄니를 입구 쪽으로 내밀어 싸울 준비를 하면서요.

- 위험이 닥쳤을 때 꼬리를 위로 꼿꼿이 세운 채 달려요. 다른 혹멧돼지들에게 조심하라고 알려 주는 거예요.

- 얼굴에 돋은 뿔 모양의 혹은 다른 동물과 싸울 때 눈을 보호해요.

- 혹멧돼지는 돼지의 친척이에요. 돼지처럼 생긴 코로 땅에 묻힌 먹잇감을 킁킁대면서 찾아요.

- 풀을 뜯어 먹을 때는 무릎을 꿇고 땅에 바싹 얼굴을 가져다 대요.

동물 더 알기

분포지: 아프리카
사는 곳: 초원과 숲
몸길이: 0.9~1.5m
몸무게: 50~150kg
수명: 12~15년
먹이: 풀, 식물의 뿌리, 산딸기

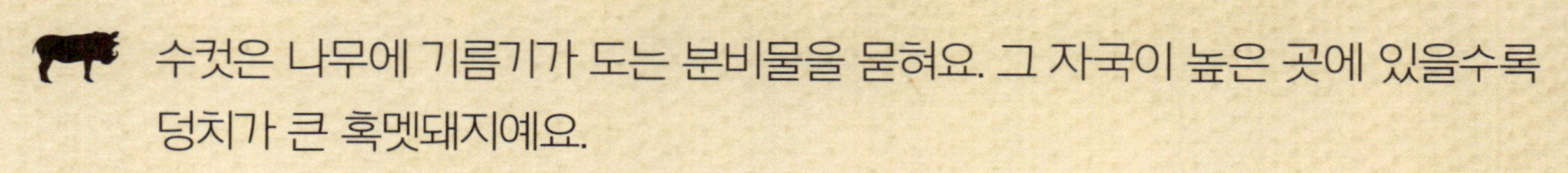

수컷은 나무에 기름기가 도는 분비물을 묻혀요. 그 자국이 높은 곳에 있을수록 덩치가 큰 혹멧돼지예요.

혹멧돼지는 엄니가 4개 있어요. 아래쪽 한 쌍은 꽤 날카로워서 혹멧돼지를 잡아먹으려는 동물과 맞서 싸울 때 사용해요.

비버

Beaver

- 비버의 앞니는 나무를 갉으면서 닳지만 평생 계속해서 자라요.
- 눈을 투명한 눈꺼풀로 가릴 수 있어요. 눈꺼풀이 물안경처럼 비버가 물속에서도 앞을 볼 수 있게 해 준답니다.
- 비버는 나뭇가지를 차곡차곡 쌓고 진흙을 덧발라 강물을 가두는 댐을 만들어요. 그러면 자신을 잡아먹는 동물로부터 스스로를 지키고, 먹이와 집을 짓는 데 쓰이는 나뭇가지를 물 위에 계속 띄워 놓을 수도 있어요.
- 또 같은 방법으로 나뭇가지를 쌓고 진흙과 돌멩이를 덧발라 집을 지은 다음 그 속에 굴을 파지요.

동물 더 알기

분포지: 유럽, 아시아, 북아메리카
사는 곳: 강과 호수
몸길이: 76~127cm(꼬리 길이 포함)
몸무게: 11~30kg
수명: 24년
먹이: 풀과 나무껍질

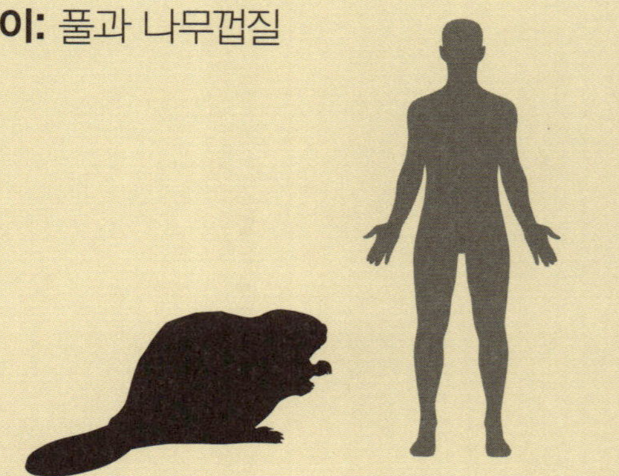

- 진흙 집의 바깥쪽은 추운 겨울이 되면 꽁꽁 얼어붙어요. 그러면 어떤 동물이 공격해 와도 그 속을 파고들지는 못해요.

- 집 안쪽에 2개의 방이 있어요. 방 입구에서 몸을 말리고, 그 안쪽 방에서는 쿨쿨 잠을 자요.

- 비버는 노처럼 생긴 꼬리로 물속에서 방향을 잡아요. 또 둑 위에서는 편안한 의자처럼 꼬리를 깔고 앉지요.

기린

Giraffe

- 기린은 전 세계에서 가장 키가 큰 초식 동물이에요. 머리가 거의 이층 건물의 창문에 닿을 정도예요!
- 목은 2m로 매우 길지만 목뼈는 사람과 마찬가지로 7개예요.
- 기린의 혀는 진한 군청색이에요. 길이가 무려 50cm이고, 무척 유연해서 나뭇가지나 나뭇잎을 감아 쥘 수 있어요.
- 수컷 기린은 긴 목을 서로 부딪쳐 싸움을 벌여요.
- 기린은 잠을 가장 적게 자도 괜찮은 동물이에요. 하루 24시간 중 자는 시간은 고작 10분에서 2시간이 채 되지 않아요.
- 태어날 때 머리 위에 피부가 덮인 두 개의 뿔이 있어요. 처음에는 뿔이 편평하지만 자라면서 점점 솟아올라요.

- 암컷 기린은 선 채로 새끼를 낳아요. 그래서 새끼는 태어나면서 2m 아래 바닥으로 떨어져요.
- 심장은 사람보다 두 배 더 빠르고 세게 뛰어요. 긴 목을 따라 뇌까지 피를 보내려면 아주 큰 힘이 필요하기 때문이에요.

동물 더 알기

분포지: 아프리카
사는 곳: 사바나와 숲
몸길이: 3.8~4.7m
몸무게: 680~1,400kg
수명: 25년
먹이: 식물의 잎

코알라

Koala

- 코알라는 하루에 보통 20시간을 자요. 나머지 시간에는 먹거나 산책해요.
- 코알라는 앞발의 기다란 발톱으로 자기 털을 깔끔하게 빗어요.
- 반들거리는 유칼립투스 잎을 먹는 코알라의 몸에서는 유칼립투스 향기가 나요.
- 10만 년 전의 화석을 보면 당시 코알라들은 덩치가 황소만 했어요.
- 코알라의 조그만 뇌는 겉이 액체로 싸여 있어요. 그래서 나무에서 떨어져 땅에 부딪쳐도 머리를 쉽게 다치지 않아요.
- 이따금 모래를 한 움큼 삼켜요. 흙 속의 세균이 코알라의 주 먹이인 유칼립투스 잎을 잘 소화시켜 주거든요.
- 새끼 코알라는 몸길이 2cm 정도로 아주 작게 태어나요. 그래서 어미 몸의 주머니 속에서 자라요. 혼자 살아갈 수 있을 때까지 아기 주머니에서 6개월, 어미 등에 업혀 6개월을 보낸답니다.

동물 더 알기

분포지: 오스트레일리아 동부
사는 곳: 숲
몸길이: 60~80cm
몸무게: 4~15kg
수명: 13~18년
먹이: 유칼립투스 잎

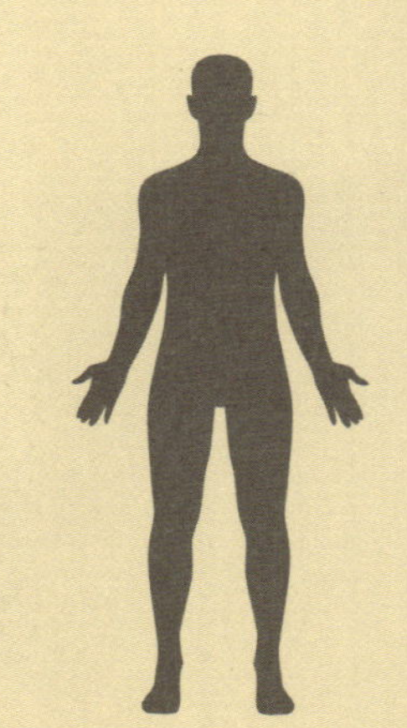

얼룩말

Zebra

얼룩말은 밤에 서서 잠을 자요. 무리 가운데 한 마리는 항상 보초를 서고 있어요.

다들 흰 바탕에 검정색 또는 갈색 줄무늬가 있어요. 얼룩말마다 줄무늬가 조금씩 달라요.

얼룩말은 피부가 검정색이고 그 위로 흰색 털이 나 있어요. 얼룩말에 줄무늬가 있는 이유는 아무도 몰라요.

이 줄무늬 덕분에 얼룩말 무리는 서로 구별이 잘 되지 않아요. 그래서 사자들이 어느 한 마리만 쫓아가기가 쉽지 않아요. 모두 모여 있으면 줄무늬가 서로 연결되어 거대한 한 마리의 동물처럼 보이기 때문이에요.

동물 더 알기

분포지: 아프리카
사는 곳: 사바나와 숲
몸길이: 2~2.5m
몸무게: 227~408kg
수명: 40년
먹이: 풀

얼룩말 무리는 항상 어딘가로 움직여요. 강인한 수컷 얼룩말이 무리의 맨 앞을 이끌어요. 수컷 한 마리와 암컷 여러 마리가 새끼들과 무리를 이루어 살아요.

발굽을 이용해 마른 강바닥을 파기도 해요. 물이 솟는 구멍을 파는 거예요.

얼룩말은 풀잎의 부드러운 윗부분을 좋아하지만 두텁고 단단한 줄기도 남기지 않고 먹어요.

나무늘보

Sloth

- 나무늘보는 모두 중앙아메리카와 남아메리카의 열대 우림에 살고 있어요. 이 가운데는 발가락이 2개인 나무늘보와 3개인 나무늘보가 있어요.

- 배를 위로 향한 채 나뭇가지 사이로 아주 천천히 움직여요. 그러면 독수리를 비롯한 나무늘보를 잡아먹으려는 다른 동물의 눈을 피할 수 있어요.

- 텁수룩한 긴 털을 가졌는데 굉장히 지저분해요. 그 속에 곰팡이나 녹조류가 많이 살면 초록색으로 보이기도 해요.

- 나무늘보는 구부러진 튼튼한 갈고리 발톱으로 나무에 거꾸로 매달린 채 무슨 일이든 할 수 있어요. 일주일에 한 번 화장실 갈 때만 내려온다고 해요.

- 대부분의 포유동물은 털이 아래쪽으로 자라요. 하지만 나무늘보는 반대로 털이 위쪽을 향해 자란답니다. 다리에서 몸 쪽으로 자라는 거예요.

새끼 나무늘보는 나무 위에서 태어나기 때문에 땅으로 떨어지지 않으려면 어미의 긴 털을 꽉 붙잡아야 해요.

나무늘보는 뭐든 다 느려서 나뭇잎을 먹어도 위를 거쳐 완전히 소화되려면 거의 한 달이 걸려요.

동물 더 알기

분포지: 중앙아메리카, 남아메리카
사는 곳: 열대 우림
몸길이: 50~76cm
몸무게: 4.5~9kg
수명: 20~30년
먹이: 나뭇잎, 줄기, 열매

들소

Bison

옛날에 사냥꾼들은 소를 키울 목장을 만들기 위해 5,000만 마리나 되는 들소를 죽이기도 했어요.

이 동물은 가끔 '버펄로'라고 불리는 다른 종류의 들소와 헷갈리기도 하는데 두 동물은 먼 친척이랍니다. 진짜 버펄로는 아프리카와 아시아에서 살아요.

들소가 겨울에 두르는 털가죽은 따뜻한 체온이 밖으로 빠져나가지 않도록 무척 두터워요. 등의 털가죽 위에 눈이 쌓여도 녹지 않을 정도예요.

봄이 오면 들소는 겨우내 두텁게 입었던 털가죽에서 털이 듬성듬성 빠져 겉모습이 꽤 부스스해져요.

들소는 눈이 좋지 않아요. 하지만 3km 밖에 있는 다른 동물의 냄새를 알아차릴 정도로 냄새는 잘 맡는답니다.

동물 더 알기

분포지: 북아메리카
사는 곳: 숲과 대초원
몸길이: 2~3.5m
몸무게: 360~1,000kg
수명: 15~20년
먹이: 풀

- 건강한 어른 들소는 무척 강해서 대적할 상대가 없어요. 그래서 늑대나 산악 지대의 사자들은 아주 어리거나 나이 든 들소만 공격해요.

- 들소는 덩치가 큰데도 물에 떠서 헤엄을 잘 쳐요.

하마

Hippopotamus

- 하마를 뜻하는 영어는 원래 그리스어로 '강에 사는 말'이라는 뜻이에요.
- 하마의 피부에서는 끈적거리는 붉은색 땀이 나와요. 이 땀은 하마가 햇볕에 그을리지 않게 보호하는 자외선 차단제 역할을 해요.
- 하마는 종종 하품을 하지만 피곤해서 그런 건 아니랍니다. 다른 하마들에게 자신의 이빨이 얼마나 큰지 뽐내며 겁을 주려는 행동이에요.
- 주로 낮에는 물속에 들어가 체온을 떨어뜨려 시원하게 지내다가, 밤이 되면 강둑으로 올라와 풀을 뜯어 먹어요.
- 하마는 꼬리로 똥을 쳐서 멀리 흩뿌려요. 그러면 그 냄새가 퍼져서 다른 동물들이 하마가 사는 영역을 알게 돼요. 영역 표시를 하는 셈이에요.

동물 더 알기

분포지: 아프리카
사는 곳: 강과 호수
몸길이: 3~5m
몸무게: 600~3,000kg
수명: 40년
먹이: 풀

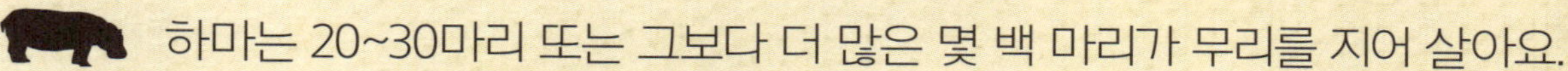

- 하마는 20~30마리 또는 그보다 더 많은 몇 백 마리가 무리를 지어 살아요.
- 하마의 피부는 두께가 약 6cm나 돼요. 그래서 하루 종일 물속에 있어도 춥지 않대요.
- 하마는 물속에서 잠수할 때 귀와 콧구멍을 닫을 수 있어요.

고릴라

Gorilla

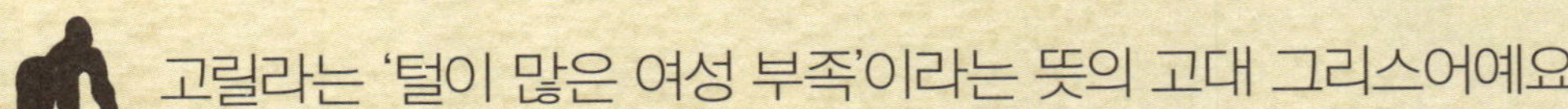

- 고릴라는 '털이 많은 여성 부족'이라는 뜻의 고대 그리스어예요.
- 무리를 이끄는 수컷 우두머리는 덩치가 가장 크고 등에 은백색 털이 나 있어요.
- 고릴라는 아침에 나뭇잎과 과일로 거하게 식사를 해요. 그리고 한낮에는 쿨쿨 낮잠을 잔답니다.
- 누가 자신을 공격하면 주먹으로 가슴을 쳐서 크게 둥둥 소리를 내요. 공격자를 겁주어 쫓아내려는 행동이에요.

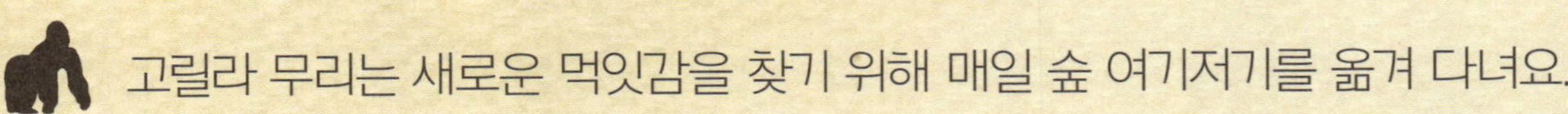

- 고릴라 무리는 새로운 먹잇감을 찾기 위해 매일 숲 여기저기를 옮겨 다녀요.

동물 더 알기

분포지: 중앙아프리카
사는 곳: 저지대 열대 우림
몸길이: 1.5~1.7m
몸무게: 72~170kg
수명: 35~40년
먹이: 나뭇잎, 과일, 식물 뿌리

- 고릴라는 어린이들처럼 하루 일과 중 노는 시간이 많아요.

- 고릴라는 보통 양손과 발을 땅에 짚고 네발로 걸어요. 뼈와 뼈가 맞닿아 있는 손의 관절로 몸무게를 지탱하며 걷는 거예요.

흰코뿔소

White rhinoceros

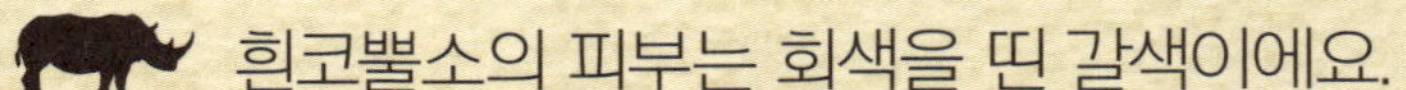

- 흰코뿔소의 피부는 회색을 띤 갈색이에요.
- 뿔은 인간의 머리카락이나 손톱, 발톱을 이루는 성분과 같아요.
- 어른 코뿔소는 자기 뿔을 나무에 문질러 날카롭게 갈아요.
- 흰코뿔소는 물을 한 모금도 마시지 않고, 4~5일 버틸 수 있어요.
- 수컷 코뿔소는 시속 65km의 속도로 적에게 돌진해요.

동물 더 알기

분포지: 아프리카
사는 곳: 풀로 덮인 사바나
몸길이: 3.6~4.2m
몸무게: 1,360~3,100kg
수명: 40~50년
먹이: 풀

흰코뿔소는 머리와 뿔이 무척 커요. 그 무게가 거의 500kg에 달한답니다.

코뿔소의 등에는 소등쪼기새가 머물기도 해요. 그리고 이 새는 코뿔소 피부에 사는 진드기를 잡아먹어 깨끗하게 청소해 줘요.

멋진 뿔을 가진 흰코뿔소는 그동안 밀렵꾼들의 사냥감이 되어 수가 많이 줄었어요. 뿔을 먹으면 건강해진다는 근거 없는 소문 때문이에요.

울버린

Wolverine

- 울버린은 털이 덥수룩한 개처럼 생겼어요. 하지만 사실은 족제비의 덩치 큰 친척이에요.
- 발바닥이 무척 넓적해 눈밭에서 발이 푹 빠지지 않고 빠르게 달릴 수 있어요. 신발과 같은 역할을 하는 셈이에요.
- 날카롭고 긴 발톱으로 꽁꽁 얼어붙은 산의 얼음을 찍으며 올라가요.
- 새끼 울버린은 겨울에 태어나 눈을 닮은 흰 털을 가지고 있어요.
- 성격이 무척 사나운 데다 몸에서 지독한 냄새가 나요. 덩치 큰 회색곰도 먹잇감을 두고 도망갈 정도예요.

동물 더 알기

분포지: 북아메리카, 시베리아, 스칸디나비아
사는 곳: 툰드라와 숲
몸길이: 65~105cm
몸무게: 11~18kg
수명: 7~12년
먹이: 썩은 고기, 새의 알, 토끼나 쥐, 고라니

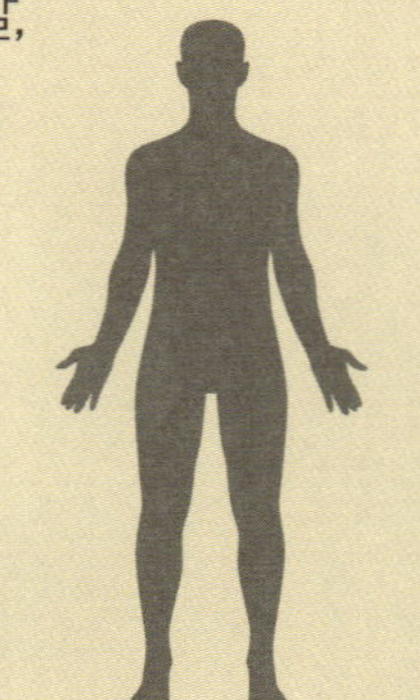

울버린은 먹이를 먹다가 남으면 냄새가 나는 액체를 뿌린 다음에 땅에 묻어요. 그리고 나중에 다시 꺼내 먹어요.

겨울철에 눈을 냉장고처럼 활용하기도 해요. 먹다 남은 먹잇감을 눈에 덮어 몇 주 동안 상하지 않게 저장해요.

호랑이꼬리 여우원숭이

Ring-tailed lemur

- 호랑이꼬리여우원숭이는 지독한 냄새를 풍기며 서로 싸워요. 꼬리를 세우고 상대에게 자신의 냄새를 퍼뜨려요.
- 이 동물은 오직 마다가스카르섬에만 살아요. 꼬리에 호랑이처럼 검은색과 흰색 고리 무늬가 있어요.
- 호랑이꼬리여우원숭이는 낮과 밤 모두 활발하게 활동해요. 그리고 언제든 자기가 원할 때 잠이 들어요.
- 이 동물은 주로 나무 위에서 생활하지만 바위나 땅에 오랜 시간 머물러 있기도 해요. 땅에 떨어진 잎 가운데 먹을 만한 잎을 골라내느라 많은 시간을 보내기도 해요.

- 호랑이꼬리여우원숭이는 쉬지 않고 먹어요. 입 주변에는 주머니 혹이 있는데 새끼에게 줄 음식을 보관하는 곳이에요.
- 앞발바닥은 통통해서 무엇을 타고 오르든 잘 붙잡을 수 있어요.
- 갓 태어난 새끼 호랑이꼬리여우원숭이는 어미의 배에 매달려 다녀요. 몇 주 뒤 어미의 등으로 타고 올라요.

동물 더 알기

분포지: 마다가스카르
사는 곳: 숲과 덤불 지대
몸길이: 100cm(꼬리 길이 포함)
몸무게: 2.2~3.4kg
수명: 16~19년
먹이: 과일, 나뭇잎, 수액, 꽃

아이벡스

Ibex

- 아이벡스는 야생 염소로 가파른 산등성이에 살아요. 바위 타기 기술이 뛰어나요.
- 발굽이 둘로 갈라져 있어요. 그래서 가파른 산의 바위를 집게발처럼 집고 오를 수 있어요.
- 아이벡스의 새끼는 태어난 지 몇 시간 정도만 지나면 바로 달리고 점프할 수 있어요.
- 수컷은 구부러진 커다란 뿔을 가졌어요. 암컷은 수컷과 달리 곧고 끝이 날카로운 뿔이 있어요.
- 사막에 서식하는 아이벡스는 반짝이는 털옷을 걸치고 있어요. 이 털은 뜨거운 햇살을 반사시켜요.

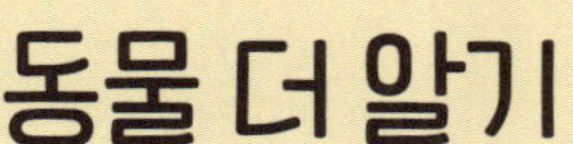

분포지: 유럽, 아시아, 아프리카
사는 곳: 산악 지대의 초원
몸길이: 75~170cm
몸무게: 38~100kg
수명: 10~16년
먹이: 풀과 나뭇잎

- 아이벡스는 거의 2m 높이까지 똑바로 뛰어오를 수 있어요.
- 이 동물은 산의 바위를 핥아 소금을 얻어요. 먹잇감인 나뭇잎에는 소금기가 부족하기 때문이에요.

표범

Leopard

표범은 나무 타기를 잘해요. 자기보다 훨씬 덩치 큰 동물을 사냥하고, 나무 위에 끌어올려 두고 먹어요.

표범의 귀는 사람보다 5배는 더 잘 들을 수 있어요.

표범은 공중으로 3m나 점프할 수 있어요. 축구 골대 정도는 쉽게 훽 넘어요.

동물 더 알기

분포지: 아프리카와 남아시아

사는 곳: 숲과 초원

몸길이: 1~1.9m

몸무게: 30~90kg

수명: 12~17년

먹이: 영양과 사슴

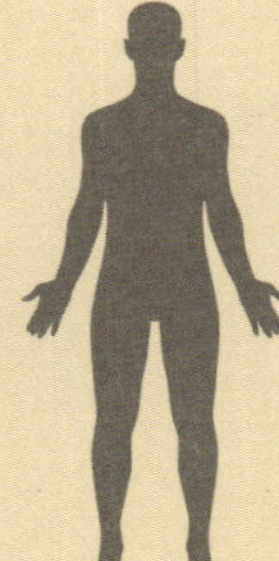

- 표범은 꼬리 끝과 귀 뒤쪽의 흰 점을 보고 서로를 구별해요.
- 표범은 나무나 키가 큰 수풀 사이에 있으면 몸 전체가 눈에 잘 띄지 않아요. 털에 점박이 무늬가 있기 때문이에요.
- 10일 동안 물을 마시지 않고 걸어 다닐 수 있어요. 필요한 수분은 음식을 먹으면서 거의 섭취해요.
- 표범의 콧수염은 먹잇감을 뒤쫓을 때는 앞쪽을 향해요. 그러다가 주변의 냄새를 맡을 때는 다시 뒤쪽으로 젖힌답니다.
- 표범은 으르렁대는 소리뿐만 아니라 갸르릉거리는 소리도 내요. 으르렁댈 때는 소리가 낮고 짧아요.

오리너구리

Duck-billed platypus

- 오리너구리의 뒷발 발목에는 날카로운 가시가 있는데 수컷끼리 겨룰 때 무기로 사용해요. 수컷의 가시에서는 독도 나와요.
- 오리너구리의 새끼는 알에서 태어나지만 어미 젖을 먹어요. 포유동물 중 오리너구리와 가시두더지만이 알을 낳아요.
- 또한 새끼는 태어날 때 이빨이 나지만, 얼마 후에 다 빠져서 자라면 이빨이 없어요.
- 오리너구리의 부리는 강바닥에 파묻혀 있는 먹잇감을 찾는 레이더 역할을 해요. 오직 부리만을 이용해 먹이를 찾아요.

동물 더 알기

분포지: 오스트레일리아 동부
사는 곳: 호수와 개울
몸길이: 30~45cm
몸무게: 0.5~2kg
수명: 12년
먹이: 갑각류, 곤충, 달팽이, 물고기

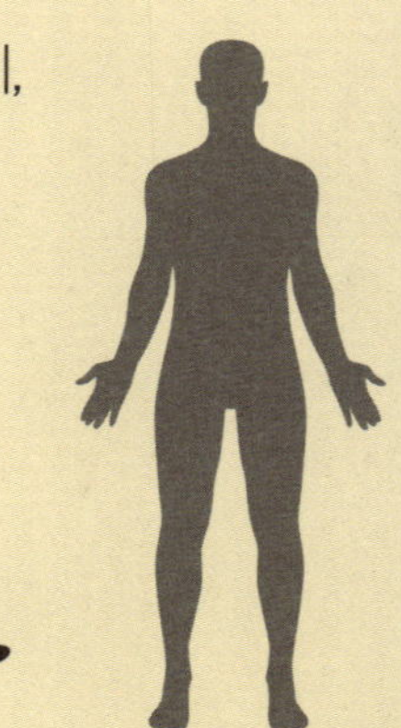

- 오리너구리는 먹이를 찾기 위해 물 밑바닥에서 2분 이상 잠수할 수 있어요. 잠수해 있는 동안 물이 들어오는 것을 막기 위해 코와 귀, 눈까지 닫아 버려요.

- 편평한 꼬리는 영양분을 저장할 수 있을 뿐 아니라 헤엄을 칠 때도 방향을 조절하는 배의 키 같은 역할을 해요.

- 오리너구리는 긴 굴을 파서 살아요. 강물이 스며들지 않도록 물 높이보다 높은 위치에 굴을 파요.

줄무늬하이에나

Striped hyena

- 줄무늬하이에나는 상대방을 겁주어 쫓을 때 사람의 웃음소리와 비슷한 낄낄거리는 소리를 내요.

- 어떤 동물보다도 무는 힘이 세서 타조알이나 거북 등딱지도 씹어 먹을 수 있어요. 다른 동물의 뼈에 금이 갈 정도로 이빨의 힘이 세요.

- 생김새는 덩치 큰 개나 작은 사자를 닮았어요. 하지만 사실은 몽구스와 더 가까운 친척이에요.

- 줄무늬하이에나는 먹잇감을 직접 사냥하기도 하지만, 대부분은 자기보다 큰 동물이 사냥한 먹이를 가로채서 먹어요.

- 싸울 상황이 되면 목덜미의 갈기를 빳빳이 세워요. 그러면 덩치도 더 커 보이고 힘도 세 보이거든요.

동물 더 알기

분포지: 아프리카
사는 곳: 숲과 초원
몸길이: 90~150cm
몸무게: 22~55kg
수명: 12년
먹이: 영양, 얼룩말

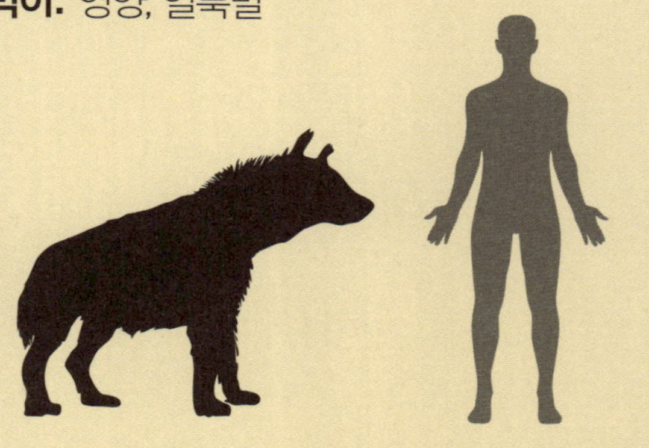

줄무늬하이에나는 주로 혼자 살거나 가족 단위로 작은 무리를 지어 살아요. 이때 암컷이 무리를 이끌어요.

이 하이에나들은 궁둥이 주변의 냄새로 영역 표시를 하는데, 냄새는 각자 다릅니다.

갈라고원숭이

Bush baby

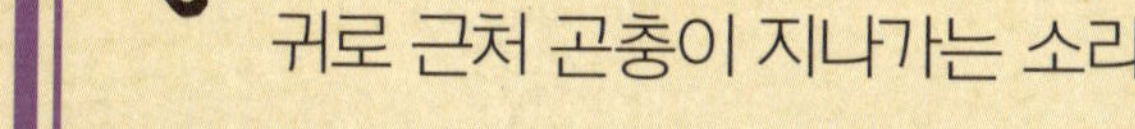

- 갈라고원숭이는 몸집이 아주 작지만 2m나 점프할 수 있어요.
- 낮 동안은 내내 잠을 자고 저녁에 먹이를 구하러 나와요.
- 눈이 무척 커서 어두운 곳에서도 앞을 잘 볼 수 있어요. 그리고 커다란 귀로 근처 곤충이 지나가는 소리도 들을 수 있어요.
- 갈라고원숭이는 자신의 손에 오줌을 눠요. 숲속을 돌아다니며 나무를 이리저리 오르는 동안 자기 흔적을 냄새로 남기기 위해서예요.
- 이 동물은 혀가 2개예요. 아래쪽의 조그만 혀는 털을 깨끗하게 핥는 데 사용해요.

갈라고원숭이는 '부시베이비', '나가피'라고도 불려요. '작은 밤 원숭이'라는 뜻이랍니다.

이 동물의 어미는 입속에 새끼를 넣고 이동해요. 먹이를 먹을 때는 새끼를 나뭇가지 위에 뱉어 놓아요.

동물 더 알기

분포지: 아프리카
사는 곳: 열대 다우림, 초원
몸길이: 20cm
몸무게: 140~280g
수명: 4년
먹이: 곤충, 과일, 씨앗, 꽃, 다른 동물의 알, 유칼립툽스 잎

동물이 사는 세계

아프리카코끼리
자이언트판다
순록
회색늑대
맨드릴개코원숭이
날여우박쥐
눈표범
몽고야생말
붉은캥거루
사자
북극곰
단봉낙타
오랑우탄
오카피
회색곰
침팬지
북극여우
테이퍼
호랑이
혹멧돼지
비버
기린
코알라
얼룩말
나무늘보
들소
하마
고릴라
흰코뿔소
울버린
호랑이꼬리여우원숭이
아이벡스
표범
오리너구리
줄무늬하이에나
갈라고원숭이
북극해
아시아
태평양
아프리카
인도양
오세아니아
남극해